EBP HUBBIX

Gestion Commerciale
2024

Jean-pierre VILLATTE

Testez EBP HUBBIX Gestion commerciale + IA

TABLE DES MATIÈRES

HUBBIX : Gestion commerciale

Avant de commencer

- Qu'est ce que Hubbix gestion commerciale ?

Ce logiciel de **facturation en ligne, simple et intuitif**, vous permet de gérer simplement le quotidien de votre TPE de manière collaborative avec votre expert-comptable :

☐ Devis, factures, acomptes,

☐ Editez rapidement vos documents de vente.

☐ Suivez vos règlements clients et soyez alertés des retards de paiement.

☐ Enfin, pilotez votre business grâce au tableau de bord.

☐ Transférez vos écritures de vente directement vers HUbbix Comptabilité.

Introduction

Création du compte sur l'application HUBBIX

Lorsque vous êtes sur le site d'EBP, il faut cliquer sur Connexion, sélectionnez " Mon espace Hubbix"

Pour une première connexion, créez votre compte, soit avec l'option link ou Google et indiquez votre mail et un mot de passe.

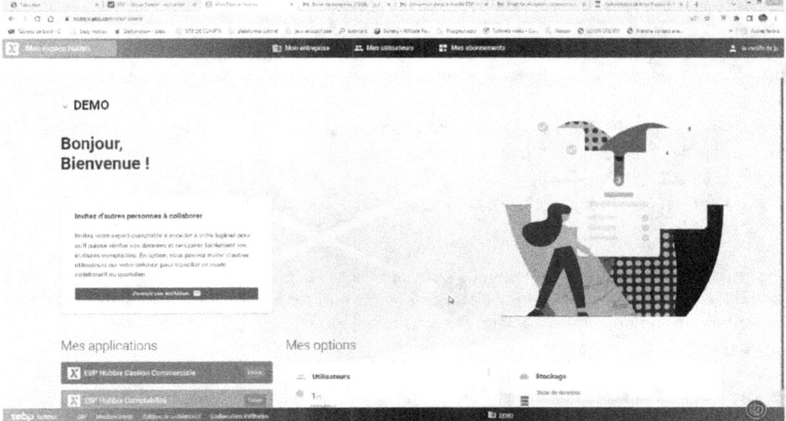

Un écran de bienvenue vous est proposé qui est commun à EBP HUBBIX Comptabilité et gestion commerciale

Renseignement mon entreprise

- Cliquez dans le menu horizontal " Mon entreprise"

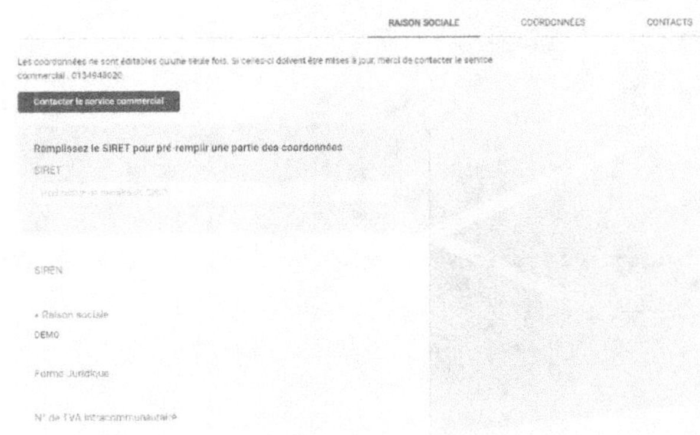

Nous allons renseigner 3 rubriques :

- Raison sociale
- Coordonnées
- Contact

Attention !

Pour la rubrique "Raison sociale" comme indiqué sur l'écran, vous pourrez renseigner manuellement toutes les informations demandées.

Par contre, en cas de modification, comme indiqué à l'écran, vous devrez contacter EBP pour saisir les modifications.

Pour la rubrique coordonnées, vous pouvez indiquer une adresse de siège social si elle est différente de l'adresse de la société, ainsi qu'une adresse de facturation, si elle est différente de l'adresse de la société, dans ce cas, cliquez sur l'option **" Ajouter une adresse de facturation".**

Si l'adresse de la société est identique à l'adresse du siège social et de facturation, vous n'avez rien à saisir.

Pour la rubrique contact, vous pouvez renseigner le téléphone et le numéro de mobile en cliquant sur le ✎

Les utilisateurs

Par défaut, vous avez droit à un utilisateur et invitez un utilisateur comme votre expert comptable par exemple.

Pour un utilisateur supplémentaire, il faut contacter le service commercial d'EBP.

Nous allons voir comment rajouter l'utilisateur, "expert comptable."

- Cliquez sur l'option " Inviter un utilisateur"

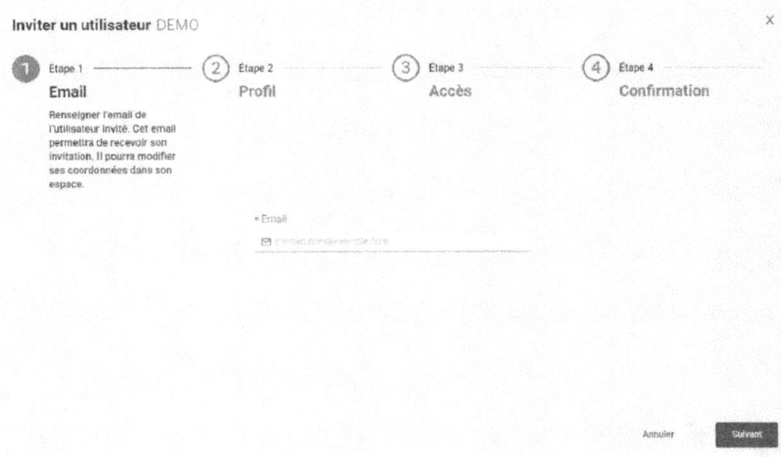

Vous allez être guidé par un assistant :

Étape 1 : Indiquez l'email de votre expert comptable et cliquez sur suivant.

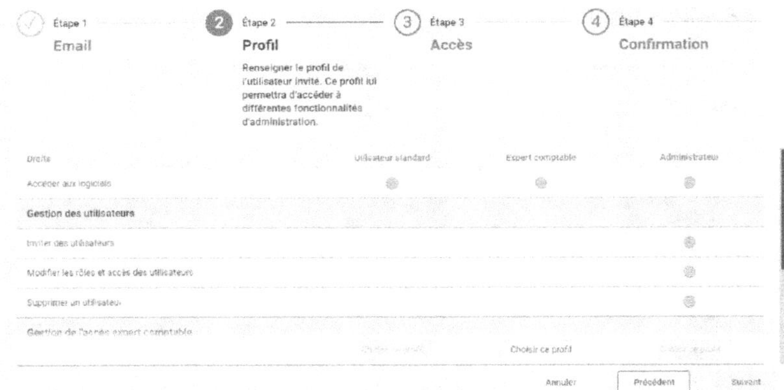

Etape 2 : Choix du profil

- Cliquez sur le bouton "Choisir ce profil" et suivant.

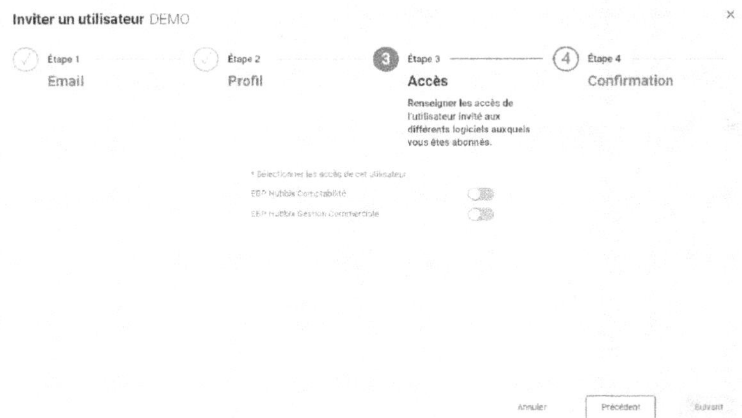

Etape 3 : Accès

- Activez l'option Hubbix comptabilité, pour que votre expert comptable ait accès à l'application et sur Hubbix Gestion commerciale si besoin et cliquez sur suivant.

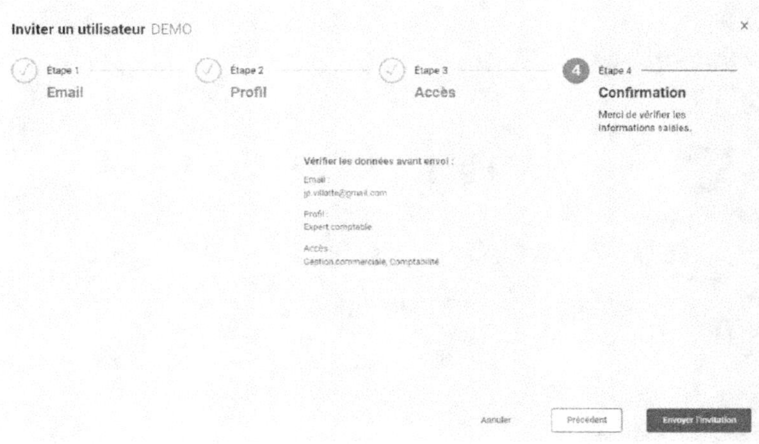

Etape 4 : Confirmation

- Cliquez sur "Envoyez l'invitation", vous allez recevoir un mail ou il faudra confirmer l'invitation pour que le compte soit créé.

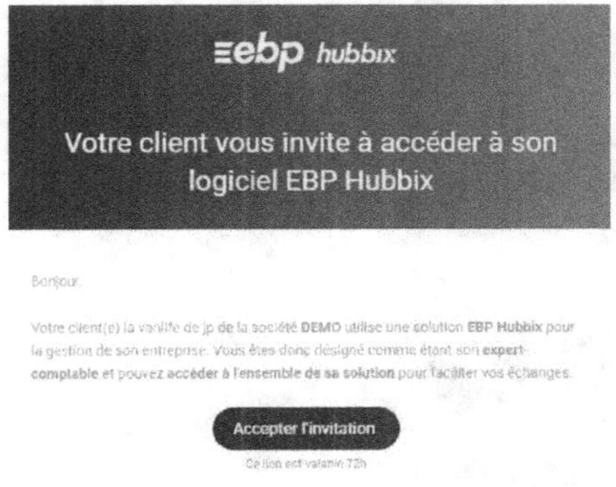

Votre expert est créé :

⌄ DEMO

Mes utilisateurs

La Vanlife De Jp
lavanlifedejp@gmail.com

Profil Administrateur
Crée le 30/08/2023

EBP Hubbix Gestion Commerciale
EBP Hubbix Comptabilité

Jean Pierre Villatte
jo.villatte@gmail.com

Profil Expert comptable
Crée le 01/09/2023

EBP Hubbix Gestion Commerciale
EBP Hubbix Comptabilité

Mes abonnements

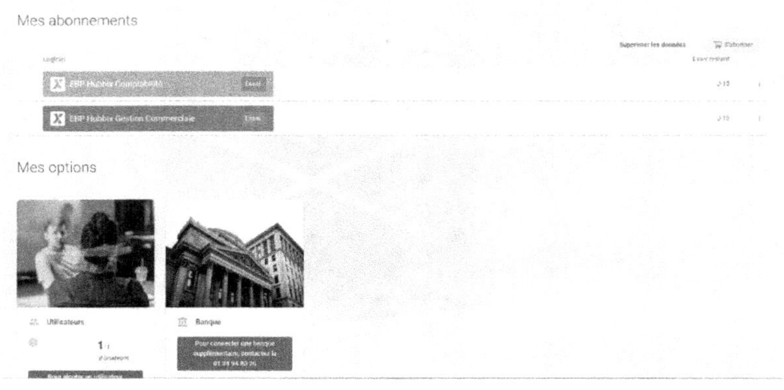

Mes abonnements

Mes options

Sur le menu horizontal, cliquez sur l'option " Abonnement" pour choisir l'application Hubbix Gestion commerciale pour vous abonner.

Si vous souhaitez souscrire, un utilisateur ou une banque supplémentaire, vous pouvez contacter le service commercial d'EBP.

Ergonomie

Lorsque vous lancez l'application HUBBIX Gestion commerciale, vous avez l'écran suivant.

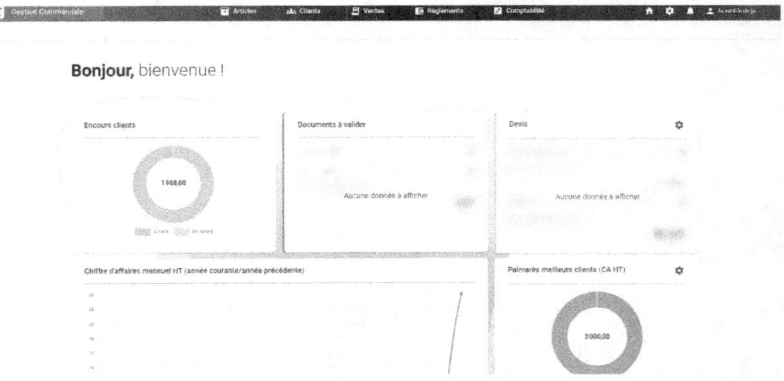

Vous avez un tableau de bord qui vous donne une photographie de votre activité, dès que vous créez des devis, clients, factures.

Nous allons dans un premier temps, étudier le menu.

- Menu articles : Création des familles et des articles

- Menu Clients : Création des familles et des clients

- Menu Ventes : Création des devis et factures

- Menu Règlements : Encaissements des factures

- Menu Comptabilité : Transfert en comptabilité vers EBP HUBBIX Comptabilité

- 🏠 : Retour à la page d'accueil

- ⚙ : Paramètres

- 🔔 : Notifications

Nous allons commencer par le menu " Paramètres" ⚙

Paramètres

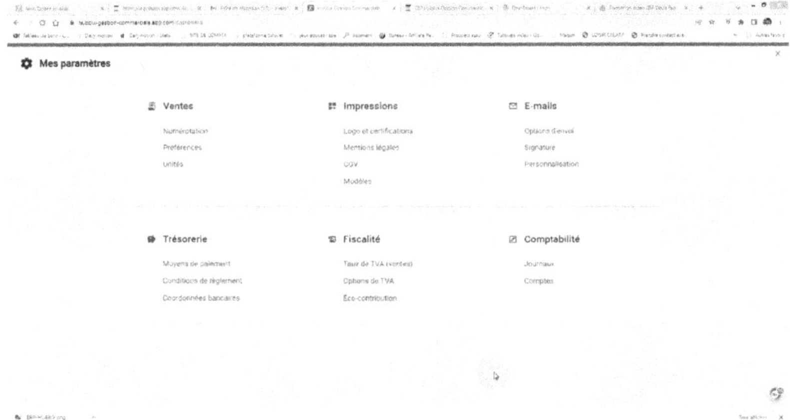

Ventes

- Numérotations

Vous pouvez choisir la numérotation pour vos documents de vente. Si la numérotation n'est pas importante pour les clients et articles,vous pouvez les désactiver.

- Préférences

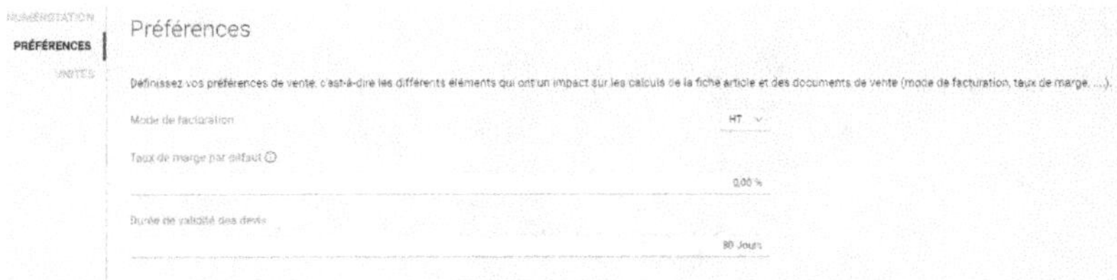

- Vous pouvez choisir le mode de facturation TTC ou HT.

- Vous pouvez appliquer un taux de marge par défaut.

- Vous pouvez choisir la durée de validité des devis.

- Les unités

En fonction de votre activité, vous pouvez activer les unités de vente que vous retrouverez dans la fiche article et vos documents de vente.

Les impressions

- Logos et certifications

Vous pouvez télécharger vos logos ainsi que vos certifications qui apparaîtront directement sur vos documents de vente.

- Les mentions légales

Vous pouvez rajoutez toutes les mentions souhaitées aussi bien sur vos devis que vos factures qui apparaîtront en pied de page

- Les CGV

- Les modèles d'impression

Vous pouvez choisir un modèle proposé par défaut ou personnaliser votre propre devis ou facture en dupliquant un modèle par défaut.

Modèles d'impressions

Vous pouvez ici créer un modèle de document personnalisé et sélectionner votre modèle favori. C'est ce modèle qui sera repris par défaut lors de l'impression et de l'envoi par e-mail de tous vos documents de vente.

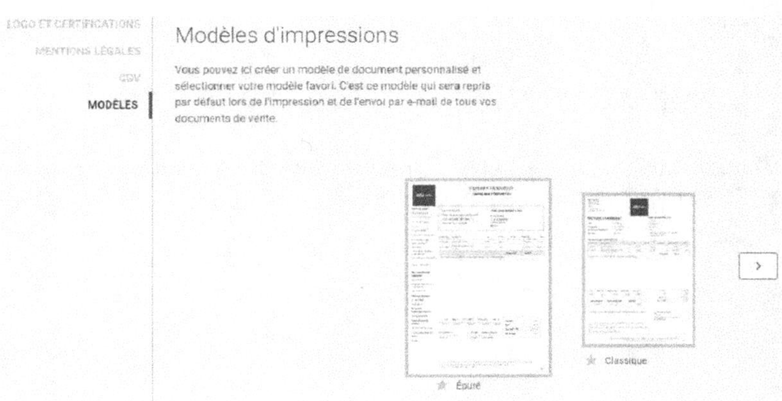

- ## Personnalisation des documents de vente

Email

- Les options d'envois

Vous pouvez paramétrer un expéditeur par défaut qui apparaîtra systématiquement lors de vos envois par mail de vos devis et vos factures.

Vous pouvez indiquer une signature par défaut.

- Personnalisation

Vous pouvez personnaliser l'envoi de vos emails avec les champs qui sont proposés

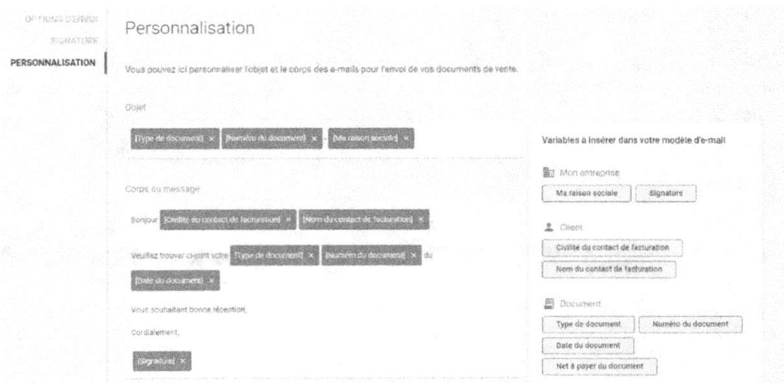

Trésorerie

- Moyens de paiement

EBP Propose les principaux moyens de paiement, mais vous pouvez créer vos propres moyens de paiement en cliquant sur le bouton " Créer un moyen de paiement".

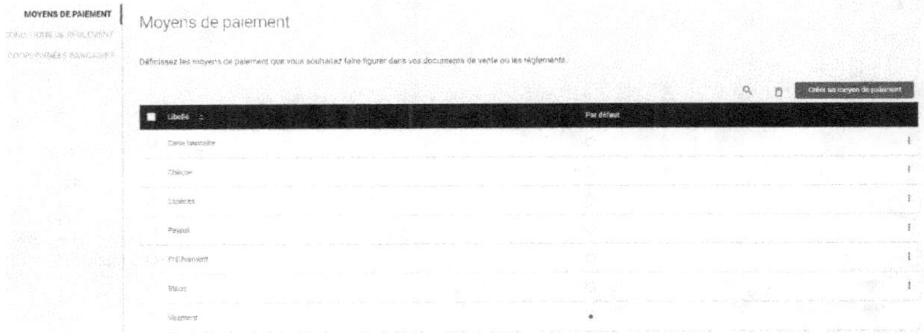

- Conditions de règlement

EBP propose quelques conditions de règlement pour vous proposer des exemples. Vous allez créer les conditions de règlement de vos clients que vous affectez ensuite dans vos fiches clients.

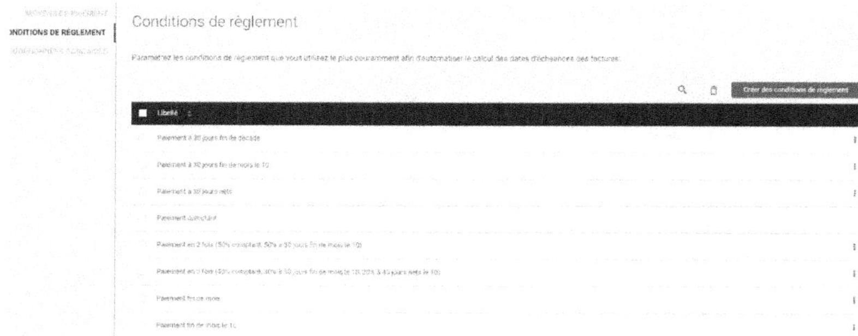

- Exemples de création des conditions de règlement : Virement à 90 jours

- Cliquez sur le bouton "Créer des conditions de règlement", une fenêtre apparaît

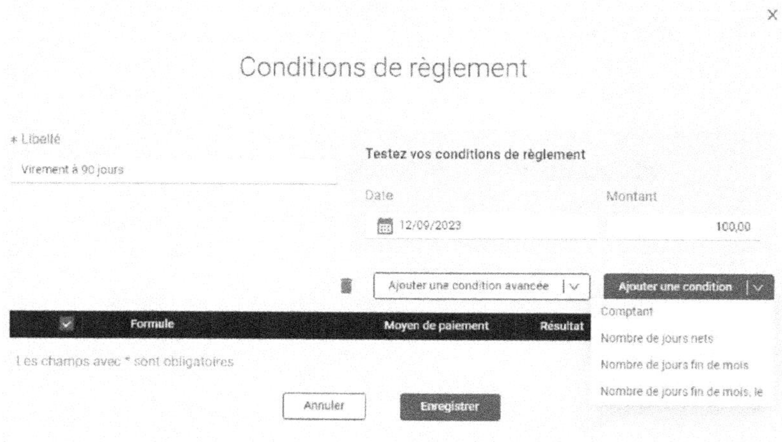

- Indiquez le libellé " Virement à 90 jours" et cliquez sur le bouton ajoutez une condition et sélectionnez l'option " Nombre de jour net"

- Dans la ligne formule, tapez 30 et indiquez le mode de règlement de virement. Vous pouvez consulter le résultat si cela correspond bien au délai de règlement souhaité dans la colonne résultat.

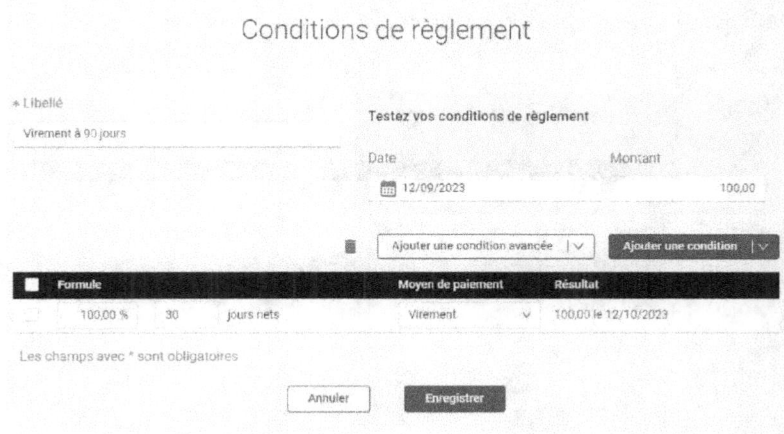

- Coordonnées bancaires

Indiquez les coordonnées bancaires de votre banque.

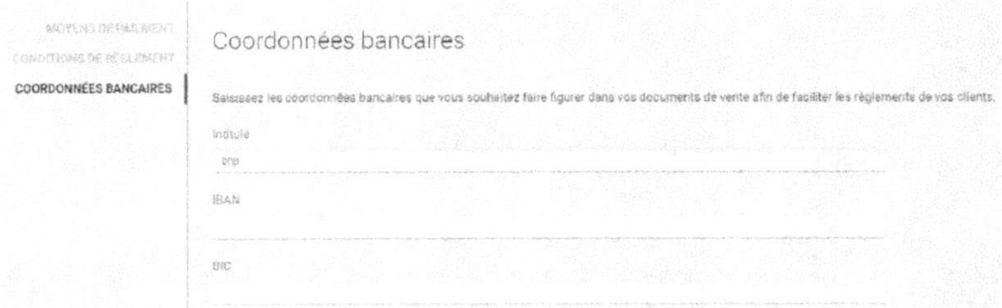

Fiscalité

- Taux de TVA

Vous pouvez activer ou désactiver les taux de TVA que vous n'utilisez pas.

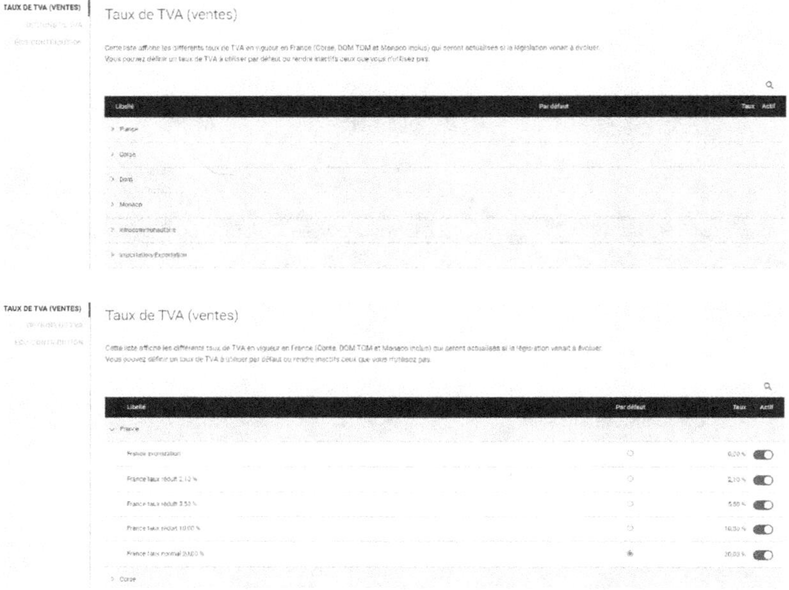

- Les options de TVA

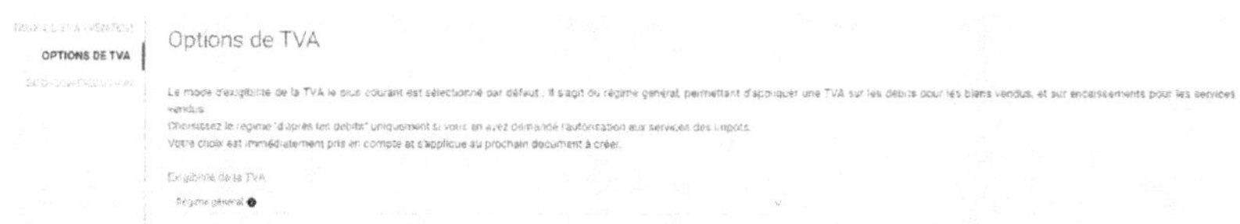

- L'éco contribution

Si vous êtes concerné par l'éco-contribution, vous pouvez créer vos propres barèmes qu'il faudra ensuite affecter dans vos fiches articles.

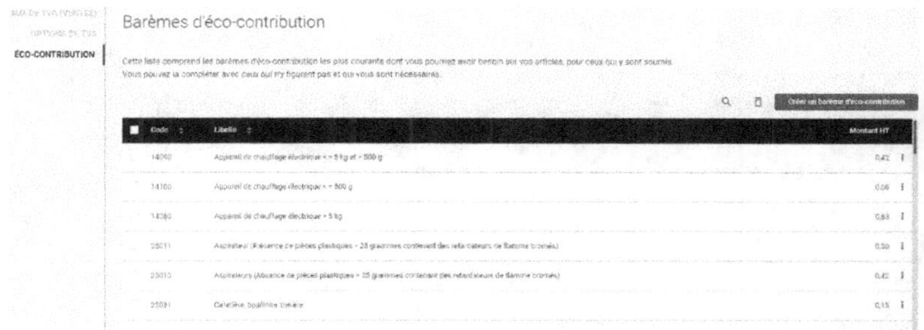

Comptabilité

- Les journaux

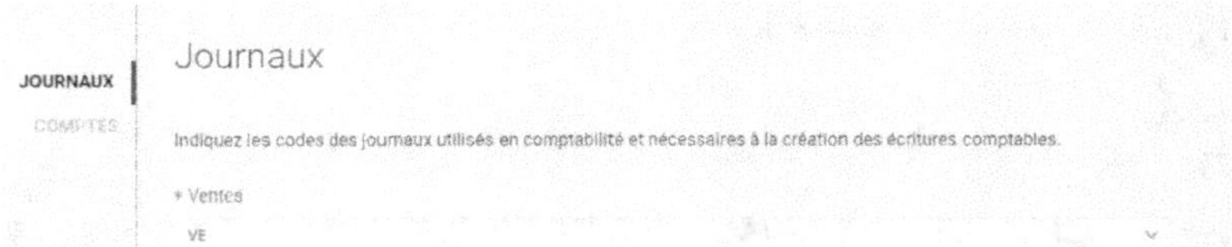

- Si vous n'utilisez pas le journal VE par défaut, mais un autre code journal pour les ventes, il faut le créer en cliquant sur le bouton " Créer le journal de vente"

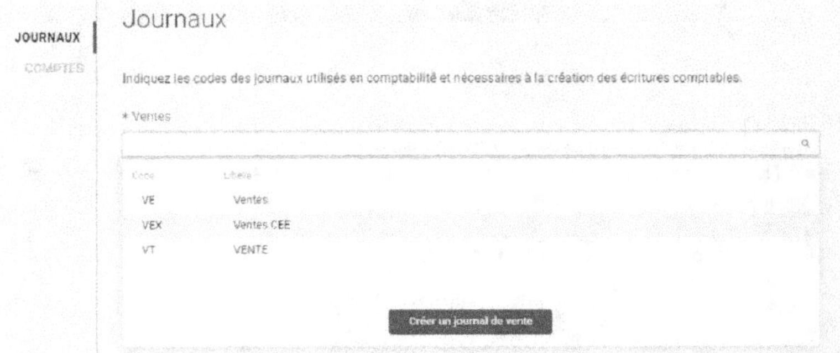

- Comptes

Personnalisez les comptes comptables à utiliser lors de la constitution des écritures : tiers, produits, TVA.
Ajoutez éventuellement de nouvelles natures de vente si vous avez besoin de distinguer certains types de ventes en comptabilité.

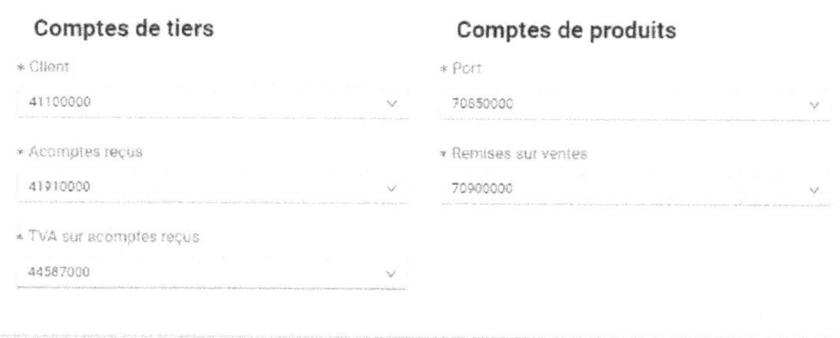

Vous pouvez changer les numéros de comptes des produits, si vous souhaitez distinguer des comptes de ventes pour certains produits ou par territorialité.

- Nous avons fini avec le chapitre Paramètres, nous allons voir maintenant la création des articles.

- Nous allons revenir à l'écran d'accueil.

Les articles

- Les familles articles

Nous allons dans un premier temps créer des articles familles. Nous allons prendre un exemple d'un revendeur informatique qui vend des logiciels et propose de la formation.

Nous allons créer deux familles articles :

- Logiciels
- Formations

Familles d'articles

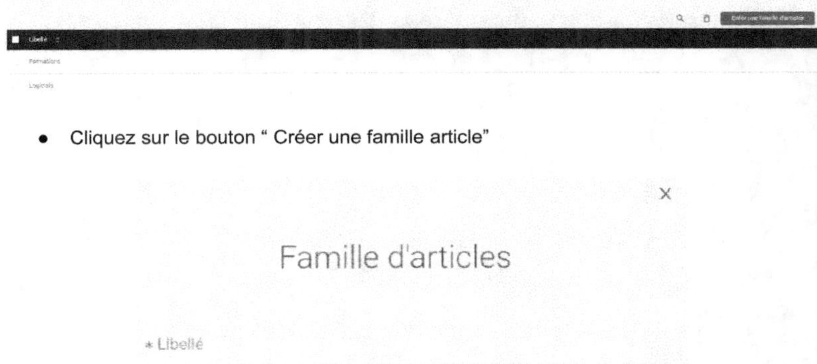

- Cliquez sur le bouton " Créer une famille article"

- Création des articles biens et services

Exemples : Création article des articles suivants :

- Article de type bien : EBP Compta
- Article de type services : Formation EBP

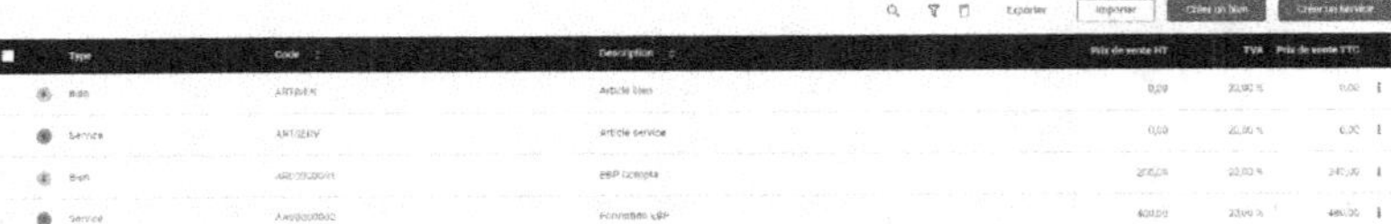

- Création de l'article de type bien " EBP Compta", cliquez sur le bouton "Créer un bien".
- Indiquez toutes les informations demandées.

Nouveau bien

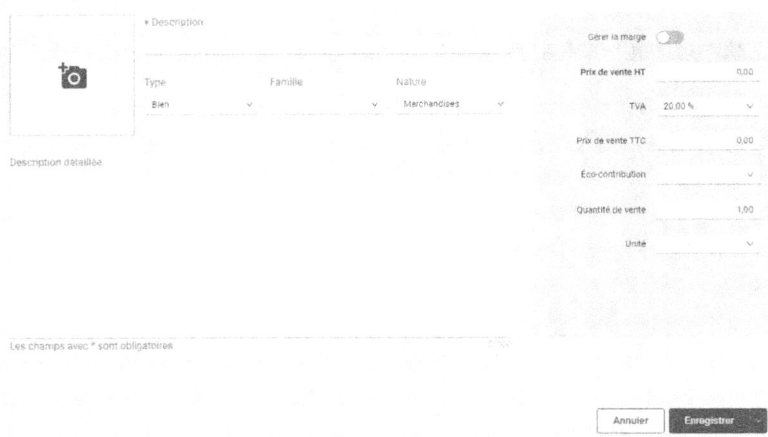

- Création de l'article de type service " Formation EBP", cliquez sur le bouton "Créer un service".
- Indiquez toutes les informations demandées.

Les clients

- Création des familles clients

Comme pour les articles, il est très important de penser à créer des familles clients. Nous allons prendre deux exemples de familles clients.

→ Particuliers
→ Entreprises

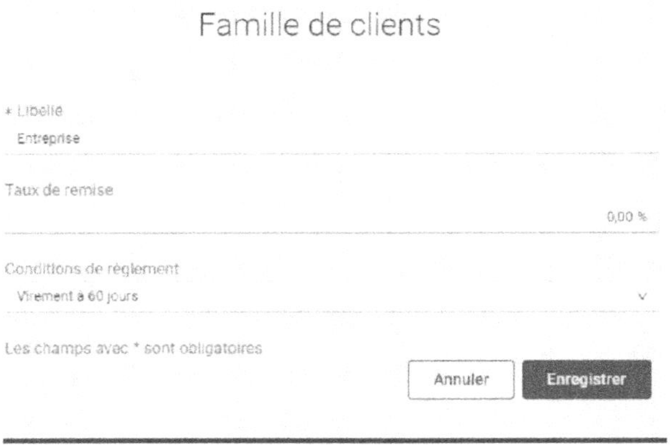

Famille de clients
* Libellé
Entreprise
Taux de remise
0,00 %
Conditions de règlement
Virement à 60 jours
Les champs avec * sont obligatoires
Annuler
Enregistrer

- Création des clients

Vous pouvez gagner du temps, en indiquant le N° SIRET de votre client. Les renseignements de type administratif seront renseignés automatiquement.

Vous pouvez modifiez l'adresse de :

➔ Facturation
➔ Livraison
➔ Siège social

Vous pouvez également indiquer l'antériorité, si ce n'est pas un nouveau client.

Demo
Facturation
Entreprise
Livraison
Siège social
Solde dû
0,00
Créer un devis
Créer une facture
Créer un encaissement
Annuler
Enregistrer

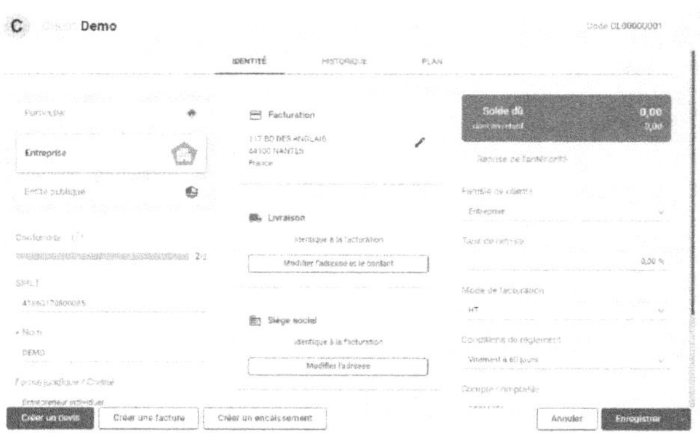

Les ventes

Les devis

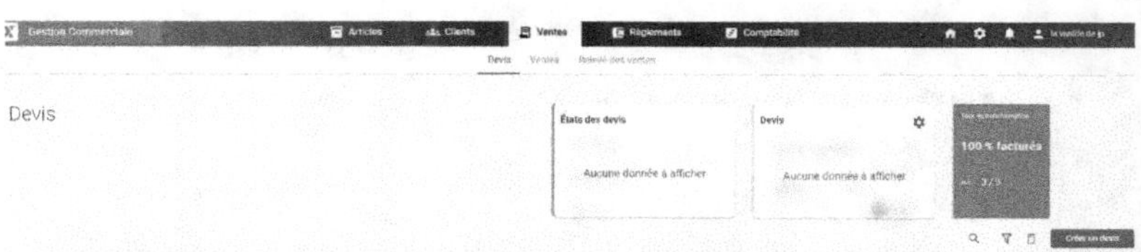

- Cliquez sur le bouton " Créer un devis"
- Indiquez les renseignements clients .

-

- Cliquez sur "Détails"

- Cliquez sur Enregistrer

Les factures (Ventes)

- Lorsque votre devis est accepté, vous pouvez établir la facture.

- Double cliquez sur votre devis, en bas de votre devis, cliquez sur le bouton "Facturer".

- Vous pouvez imprimer votre devis avec le bouton "imprimante", l'envoyer par mail ou le dupliquer.

Validation de la facture.

Lorsque vous cliquez sur le bouton " Facturer", votre devis change de statut de "rédaction" à "accepter".

Votre facture est créée avec le statut provisoire, mais il faut la valider avant de l'envoyer à votre client.

Les cas particuliers

- Les avoirs

Lorsque vous validez votre facture, vous pouvez :

→ Encaisser
→ Créer un avoir

Pour créer un avoir, cliquez sur le bouton "avoir"

Une fenêtre apparaît pour vous proposer de créer un avoir.

Sur le même principe que les factures, un avoir est une pièce comptable, il est en mode provisoire, avant de l'envoyer à votre client, vous devez le valider.

- Associer un avoir à une facture

Pour que le solde de votre facture soit nul, suite à la création d'un avoir, il faut associer la facture à l'avoir en cliquant sur le bouton "Associer une facture".

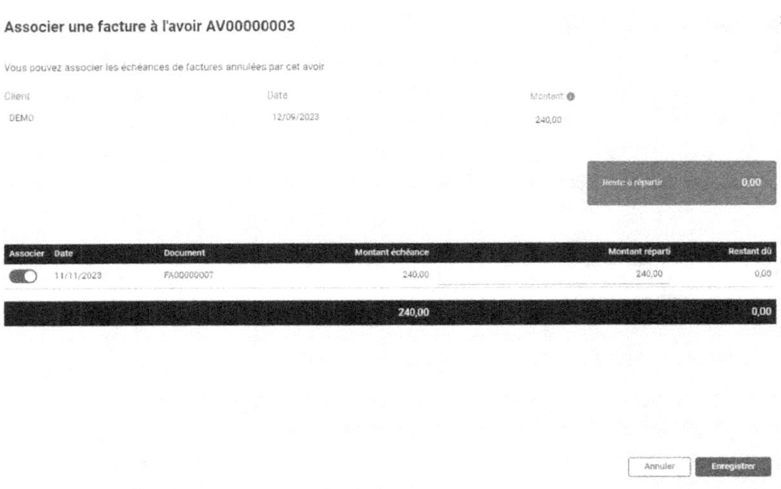

Il détecte automatiquement la facture à associer, cliquez sur "Enregistrer".

- Les factures d'acomptes

Nous allons voir un autre cas particulier qui est les factures d'acomptes. Nous allons faire un devis et demander un acompte. Dès que nous recevrons l'acompte, nous allons créer une facture d'acompte.
Lors de la facture définitive, l'acompte sera pris en compte.

Etape 1 : Création du devis

- Cliquez sur le bouton "Demander un acompte"

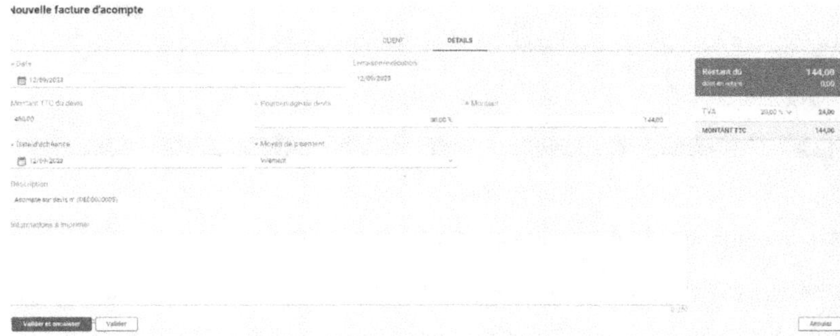

- Indiquez le % de l'acompte, il calcule le montant ou inversement.

- Vous pouvez indiquer une information à imprimer

- Cliquez sur "Valider et encaisser"

> Encaissement de l'acompte :

Il vous propose automatiquement de gérer l'encaissement.

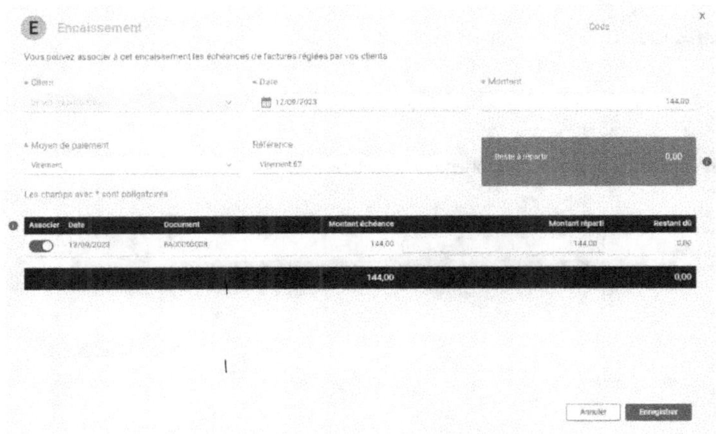

- Indiquez le N° de règlement dans "Référence"

- Cliquez sur Enregistrer

La facture d'acompte est créée, que l'on retrouve dans le menu vente.

Création de la facture avec le montant de l'acompte.

Il ne reste plus qu'à facturer le devis qui a le statut d'accepter.

En cliquant sur le bouton "Sous totaux", on peut voir le montant de l'acompte.

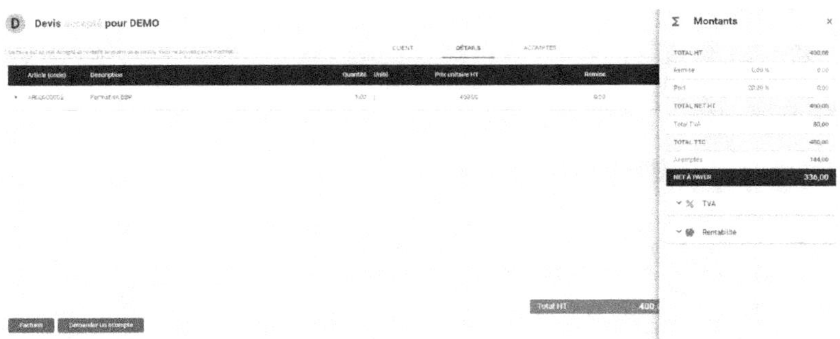

- Cliquez sur "Facturer"

L'acompte est bien pris en compte dans la facture.

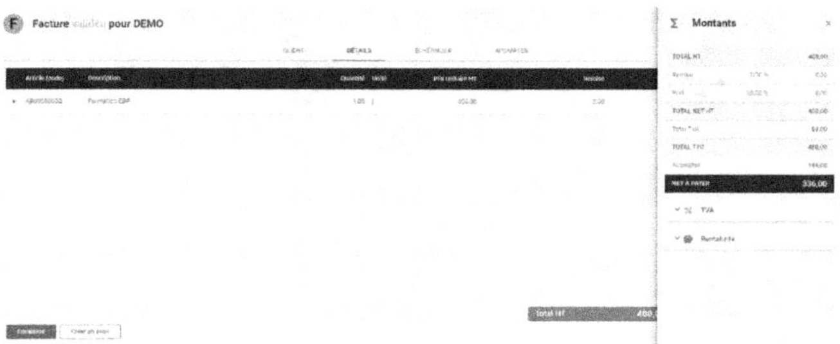

Les encaissements

Vous pouvez procéder au règlement de deux façons :

→ Soit par le menu règlement.
→ Soit avec le bouton encaisser dans la facture.

- Avec le menu règlement

L'intérêt d'utiliser le menu règlement est lorsque vous avez un règlement pour plusieurs factures.

- Cliquez sur le bouton "Créer un encaissement"

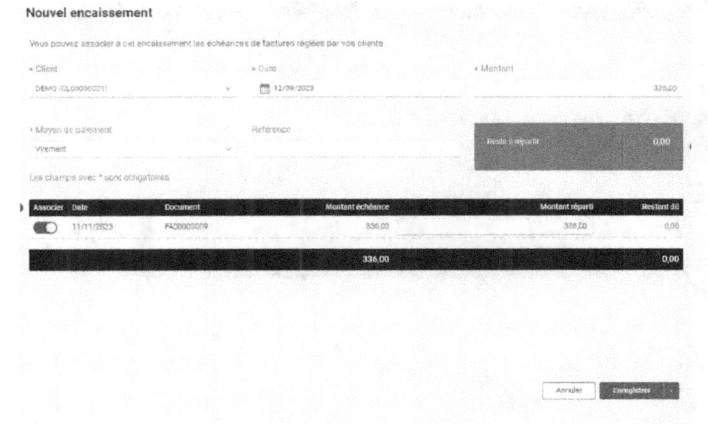

- Sélectionnez le client souhaité.

- Indiquez dans la zone "montant", le montant à régler de la facture. (EXemple 336 €)

- Indiquez la référence du règlement (Ex N° de chèque ou virement)

- Associez le montant du règlement à la facture correspondante.

- Cliquez sur Enregistrer

➢ Le règlement a été pris en compte.

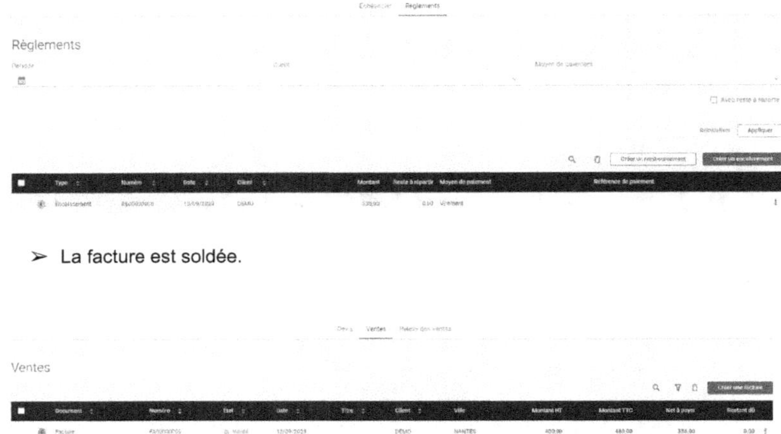

➢ La facture est soldée.

Autre solution pour encaisser une facture :

Vous pouvez également à partir de la facture, encaisser le règlement, une fois qu'elle est validée.

Le montant est directement affecté, et la facture est associée automatiquement

Comptabilité

Vous pouvez effectuer directement le transfert en comptabilité vers EBP HUBBIX Comptabilité.

- Cliquez sur le bouton " Lancer le transfert comptable"

- Vous recevez une notification dès que le transfert comptable est effectué

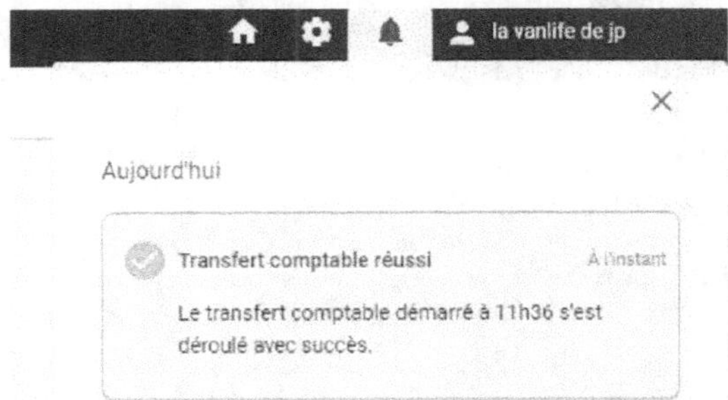

Vérifions sur EBP HUBBIX Comptabilité :

Les factures de vente ont bien été transférées.

Le tableau de bord

Vous pouvez consulter votre activité avec le tableau de bord en cliquant :

Vous pourrez consulter :

- ➢ Votre chiffre d'affaire tous les mois avec un comparatif avec l'année N-1

- ➢ Le palmarès de vos meilleurs clients

- ➢ Les devis en cours

- ➢ Les factures à valider

- ➢ Les encours de vos clients